AF242807

RÉVÉLATIONS

DU

PROCÈS D'ARNIM

LA RÉPUBLIQUE, L'EMPIRE, LA MONARCHIE
JUGÉS PAR M. DE BISMARCK

2ᵉ ÉDITION

PARIS

LIBRAIRIE DE FÉCHOZ, ÉDITEUR

Rue des Saints-Pères, 5

1875

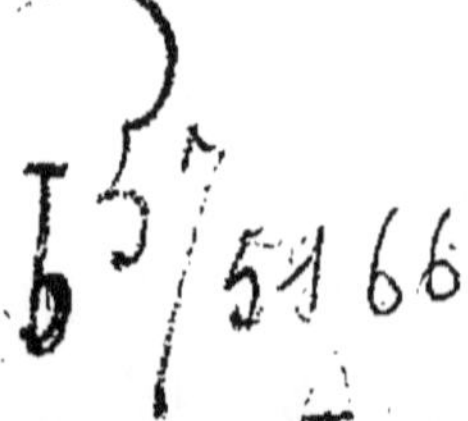

RÉVÉLATIONS DU PROCÈS D'ARNIM

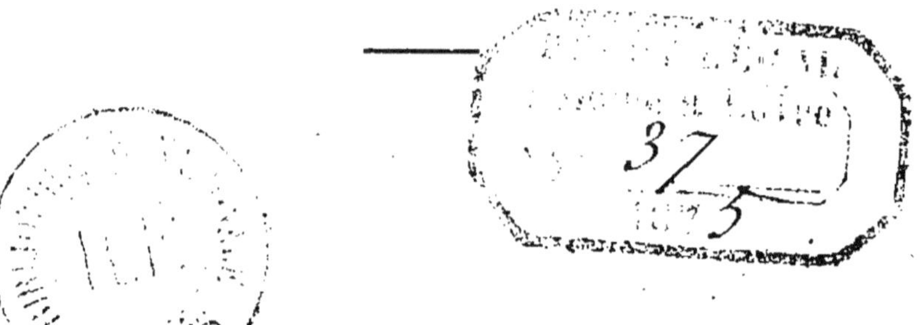

Il y a quelques semaines un ancien représentant de l'empire d'Allemagne, M. le comte d'Arnim, qui avait encouru la disgrâce du prince de Bismarck, comparaissait devant la justice de son pays. Il était inculpé d'avoir fait disparaître des dépêches diplomatiques de la plus haute importance, pendant qu'il remplissait les fonctions d'ambassadeur auprès du gouvernement français.

Le procès de M. d'Arnim est désormais célèbre, moins encore par la qualité de l'accusé et la haute position de son antagoniste, que par l'immense intérêt des documents livrés à la publicité au cours de ce procès.

Ce sont les dépêches soustraites par l'ambassadeur d'Allemagne résidant à Paris, qui ont été ainsi divulguées ; les destinées de la France y sont fréquemment l'objet des réflexions échangées entre le prince de Bismarck et le comte d'Arnim, ces deux rivaux qu'une même aversion animait contre nous.

La révélation des projets et les espérances de l'ennemi est une lumière pour ceux qu'il menace.

L'Allemagne, après nous avoir vaincu, médite d'achever notre anéantissement.

Elle redoute tout ce qui nous serait favorable et désire tout ce qui peut nous nuire. C'est là le fond de sa politique à l'égard de la France, et la haine est perspicace.

Les hommes d'État sont sujets à se tromper dans la conduite de leurs propres affaires ; mais, lorsqu'ils complotent la ruine d'un voisin détesté, ils ne se méprennent pas sur les solutions propices ou préjudiciables à ses intérêts ; ils appréhendent les premières, et souhaitent ardemment le triomphe des secondes.

M. de Bismarck, aveuglé par son audace et par le mépris dont il nous accable, n'a pas craint, à l'occasion du procès de M. d'Arnim, de nous faire connaître les calculs de la politique allemande.

Il suffit de parcourir les pièces diplomatiques où tous ces calculs sont clairement exposés, pour apprendre de la bouche même de nos ennemis quels écueils nous avons à éviter et quelle voie nous devons suivre.

Le plus grand intérêt d'un peuple, son principal besoin, c'est d'être gouverné ; aussi la question du gouvernement de la France occupe-t-elle la première place dans la correspondance du chancelier et de l'ambassadeur allemands, attentifs à découvrir le régime qui serait le plus propre à nous maintenir dans un état de faiblesse et d'impuissance.

M. de Bismarck et M. d'Arnim passent en revue les divers gouvernements auxquels nous pouvons avoir recours, et ils examinent tour à tour les avantages et les dangers que présenteraient à l'Allemagne LA RÉPUBLIQUE, L'EMPIRE, LA MONARCHIE.

Quel solennel avertissement devrait sortir pour nous d'un pareil examen !

Nous sommes divisés en partis acharnés les uns contre les autres, et chacun de ces partis se croit seul appelé à sauver la France. Nous ne pouvons nous entendre, parce que nous croyons à l'efficacité souveraine de moyens opposés, et nos dissensions sont la perte du pays.

Eh bien ! dans un tel trouble des esprits et des volontés, n'aurons-nous pas le courage d'écarter un instant nos préventions réciproques, et de nous unir dans le sentiment d'un patriotisme qui doit nous être commun à tous ?

Prêtons l'oreille aux discours de M. de Bismarck ; sa parole est un complot contre nous, elle a la franchise d'une hostilité déclarée. Nos sympathies et nos répulsions nous égarent, puisqu'elles nous divisent ; les haines vont droit au but et réunissent toutes les forces ; elles favorisent ce qui est contraire à la fortune de la France ; elles s'opposent à ce qui lui serait propice.

Est-il un Français qui osât crier : *Vive la*

République ! Vive l'Empereur ! ou *Vive le Roi !* s'il savait que sa voix dût trouver à Berlin un complaisant écho ?

Trève donc à nos discordes ! Soyons résolus à repousser comme dangereux et fatal pour notre pays tout régime entaché des faveurs prussiennes, et, s'il est un gouvernement que redoute l'Allemagne, hâtons son avénement par nos vœux et nos efforts, car il sera notre salut.

Nous avons à choisir entre la République et la Monarchie, et voici même que l'on ose afficher hautement la prétention de nous ramener à l'Empire. Consultons ceux qui ont juré notre ruine, et nous serons bientôt d'accord, car leur choix doit nous dicter un choix contraire.

I

LA RÉPUBLIQUE.

M. de Bismarck et M. d'Arnim ne considèrent la République que comme un état d'anarchie où les hommes dits modérés travaillent pour les radicaux, et où les violents eux-mêmes doivent bientôt céder la place à de plus violents.

Dans son rapport en date du 6 mai 1872, M. d'Arnim faisait la réflexion suivante :

« La république dite décente, qui serait repré-
« sentée par Casimir Périer ou Grévy, ne peut
« être qu'une forme de transition précédant Gam-
« betta. En effet, le système de Thiers lui-même
« n'est possible en ce moment que grâce à ses
« rapports toujours plus intimes avec Gambetta. »

Le 23 novembre 1872, M. de Balan, écrivant

à M. d'Arnim, au nom de M. de Bismarck, affirme que les institutions républicaines en France ne sont pas un danger pour l'Allemagne.

Et il ajoute :

« Le spectacle que ces institutions nous pré-
« sentent *est plutôt fait pour servir d'*ÉPOU-
« VANTAIL. »

Dans la même dépêche, M. de Balan fait aussi cette déclaration :

« L'idée que toute autre forme de gouverne-
« ment en France que la forme républicaine serait
« inacceptable pour nous, est une idée qui va un
« peu trop loin et ne sera que difficilement dé-
« fendue par la presse que nous inspirons. Mais
« il ne faut pas non plus oublier que si nous pre-
« nions parti pour une autre forme de gouver-
« nement, nous recueillerions ainsi toute la haine
« de ses ennemis. *Par là nous mettrions la France*
« *dans la possibilité de trouver des alliances*
« QU'ELLE NE PEUT PAS TROUVER DANS SA SITUA-
« TION ACTUELLE. »

Nous ne donnons ici que cet extrait de la dépêche de M. de Balan, parce que, vu son importance, nous la reproduisons intégralement plus loin. Le même motif nous engage à ne citer que quelques phrases d'une dépêche de M. de Bismarck, en date du 20 décembre 1872.

Dans cette dépêche, M. de Bismarck écrit :

« Nos besoins exigent que la France nous « laisse en paix et que *nous l'empêchions*, au cas « où elle ne voudrait pas respecter la paix con« clue, *de trouver des alliances*. TANT QU'ELLE N'A « PAS D'ALLIÉS, *nous n'aurons rien à craindre* « *d'elle. Tant-que les monarchies marchent d'ac*« *cord, la république ne pourra rien leur faire.* « *C'est pour cette raison que la République fran*« *çaise* TROUVERA TRÈS-DIFFICILEMENT UN ALLIÉ « *parmi les Etats monarchiques.* »

Enfin il n'est pas sans intérêt de connaître les singulières relations qui existent entre certains écrivains républicains et des agents allemands. Le journal de M. Gambetta, la *République française*, a bien protesté contre les allégations de M. d'Arnim ; mais ses dénégations ne sont pas une preuve.

Voici, à ce sujet, un rapport de l'ancien ambassadeur d'Allemagne :

« Paris, le 2 décembre 1872.

« Il n'est pas sans intérêt de savoir que le
« même M. Haefner, qui joue un certain rôle
« dans les bureaux de M. Gambetta, est aussi le
« correspondant de la *Gazette d'Augsbourg*, à
« laquelle il envoie des lettres qui ont une teinte
« démocratique.

« Le *Wanderer* (journal libéral de Vienne) est
« servi par Szarwady, le mari de la pianiste
« Claus.

« La *Presse*, de Vienne, a pour correspondant
« le nommé Kohn, qui servait la *Nouvelle Presse*
« avant que celle-ci ait pris Ganesco à sa solde.

« Le principal entremetteur pour toutes les rela-
« tions entre la presse démocratique et progres-
« siste française et la presse allemande, est un
« certain Simon Deutsch qui fournissait déjà, du
« temps de l'empire, de l'argent au parti radical.
« Pendant la guerre, Deutsch était à Vienne, où
« il faisait de la propagande française. Retourné
« à Paris en février 1871, il était un des membres
« les plus actifs de l'Internationale, conseiller de
« la Commune, et *alter ego* financier du délégué
« aux finances.

« Après la chute de la Commune, Simon Deutsch

« fut arrêté, mais relâché à la suite de l'inter-
« vention de l'ambassade d'Autriche. La police
« française l'expulsa ensuite du territoire. Peu
« de temps après, il put revenir, grâce à l'inter-
« vention du député Laurier, *alter ego* de M.
« Gambetta. Il est associé de la *République fran-*
« *çaise* pour la somme de 50,000 fr. et est très-lié
« avec M. Etienne, directeur de la *Nouvelle Presse*,
« notamment depuis qu'il dispose, en sa qualité
« d'agent de Mustapha-Fazy-Pacha, de puissants
« moyens pécuniaires.

« En ce qui concerne le nommé Haefner, je
« dois ajouter qu'il est aussi correspondant des
« *Nouvelles de Hambourg* et du *Bund* de Berne,
« et que ses articles sont entièrement inspirés par
« Gambetta.

« Signé : D'ARNIM. »

II

L'EMPIRE

Dans un rapport adressé à M. de Bismarck, portant le numéro 70 et la date du 6 mai 1872, M. d'Arnim s'exprime ainsi :

RAPPORT DE M. D'ARNIM A M. DE BISMARCK, CONCERNANT LES TENDANCES ET L'AVENIR DES DIVERS PARTIS EN FRANCE.

« Paris, 6 mai 1872.

« Le calcul des faiseurs bonapartistes repose
« sur l'hypothèse que l'Assemblée nationale,
« dans le cas d'une vacance présidentielle, nom-
« mera un dictateur. Ce dictateur devrait être
« Mac-Mahon, le général de Cissey, ou le géné-
« ral Vinoy.

« Tous trois se seraient obligés à organiser un
« appel au peuple, duquel sortirait Napoléon
« d'après l'opinion des impérialistes.

« Mais quoi, si l'Assemblée nationale ne
« nomme pas de dictateur ? ou si elle élit prési-
« dent Aumale ou Casimir Périer ?

« Il faut mentionner ici le point que le parti

« bonapartiste compte que nous lui viendrons
« en aide dans notre propre intérêt, en sommant
« le dictateur ou le président peu sûr d'établir
« un gouvernement nous garantissant la paix et
« nous donnant en même temps une garantie
« contre la propagande révolutionnaire.

« Mon sentiment, déjà exprimé |ailleurs, est
« que *nous ne devons pas repousser les tentatives*
« *des bonapartistes pour entrer en connexion avec*
« *nous.* Et cela d'autant moins que, d'une part,
« ils ne projettent en ce moment aucune intrigue
« contre le gouvernement actuel, et que de l'au-
« tre, *ils sont de tous les partis le seul qui cherche*
« *ouvertement notre appui, et qui inscrit dans*
« *son programme la réconciliation avec l'Alle-*
« *magne*, tandis que les autres partis et fractions
« de parti évitent avec le plus grand soin tout
« rapport avec nous et inscrivent sur leurs dra-
« peaux la guerre de revanche.

« Signé : d'ARNIM. »

Le 12 mai 1872, M. de Bismarck répondait à
M. d'Arnim :

DÉPÊCHE DE M. DE BISMARCK A M. D'ARNIM, CON
CERNANT LA SITUATION DES PARTIS POLITIQUES
EN FRANCE.

(N° 99, Confidentielle.)

« Berlin, 12 mai 1872.

« Le rapport n° 70 de Votre Excellence, en

« date du 6 courant, sur la situation et les
« chances des partis en France, a été pour moi
« d'un grand intérêt. Les observations qui s'y
« trouvent consignées ne font que confirmer ce
« qui me revient d'autres côtés aussi par des in-
« formations privées, à savoir que les princes
« d'Orléans, notamment par leur conduite dans
« les affaires d'argent, perdent de plus en plus
« du terrain en France, et je tombe également
« d'accord avec Votre Excellence pour recon-
« naître que l'Allemagne n'a pas de raisons pour
« désirer leur arrivée au pouvoir, mais qu'au
« contraire, parmi les divers partis qui se dis-
« putent la domination, *le parti impérial bona-*
« *partiste est probablement celui avec l'aide du-*
« *quel on pourrait encore se flatter le plus raison-*
« *nablement d'établir des rapports tolérables*
« *entre l'Allemagne et la France.* Notre première
« règle reste naturellement toujours de soutenir
« le gouvernement actuel, aussi longtemps qu'il
« représente pour nous la volonté d'exécuter
« loyalement le traité de paix. Ce qui viendra
» après lui devra se légitimer de nouveau vis-à-
« vis de nous en ce sens ; *nous n'avons aucun*
« *motif pour exclure le parti bonapartiste, ou*
« *pour faire quoi que ce soit qui puisse l'affaiblir,*
« *lui nuire aux yeux de la nation, ou rendre sa*
« *position plus difficile. Mais une politique qui,*
« *s'écartant de notre réserve, prendrait parti pour*
« *lui et le favoriserait aurait certainement ce ré-*
« *sultat.*

« A ce point de vue, je vous prie aussi de pren-

« dre en considération ce que je vous ai dit dans
« ma dépêche particulière d'aujourd'hui sur le
« maréchal Bazaine.

« Signé : DE BISMARCK. »

III

LA MONARCHIE.

Nous reproduisons ici intégralement la dépêche confidentielle adressée à M. d'Arnim par M. de Balan, et dont nous avons déjà fait connaître quelques extraits :

Dépéche n° 239 du 25 novembre 1872.

(DE M. DE BALAN A M. D'ARNIM.)

« Les rapports confidentiels de Votre Excel-
« lance des 10 et 11 de ce mois (novembre 1872)
« ont été soumis ainsi que vous l'avez désiré,
« non-seulement à Sa Majesté, mais aussi au
« chancelier. On se servira des indications que
« vous avez données sur l'organisation de la
« presse autrichienne et française et sur leur
« affinité réciproque pour avoir des renseigne-
« ments plus complets. Le chancelier n'est pas
« de votre avis que la partie de la presse qui
« prend ses inspirations chez nous, ainsi que
« toute la presse indigène, s'efforce d'abaisser par

« son langage les éléments monarchiques de la
« France. En tous les cas, si cela se fait, ce n'est
« pas sur ordre supérieur. La presse allemande
« s'est abstenue, il est vrai, d'attaquer M. Thiers
« et son gouvernement, mais la chancellerie
« n'admet pas néanmoins qu'on ait voulu par là
« abaisser les éléments monarchiques.

« Les déductions qu'il plaît à Votre Excellence
« de tirer du régime gouvernemental actuel de
« la France, ne sont nullement conformes à
« celles que tire M. le chancelier, qui est d'avis
« qu'il faut régler avant tout l'indemnité de
« guerre et les autres stipulations du traité de
« paix. M. le chancelier pense que l'Allemagne
« doit laisser les affaires françaises suivre leur
« cours actuel, ou du moins ne pas s'y opposer
« par des déductions ou des plans bien arrêtés.
« Dans certaines conditions données, nous pour-
« rions favoriser les éléments dont l'action est
« dans notre intérêt, mais pour cela nous devons
« attendre que ces éléments apparaissent, et nous
« abstenir de les exploiter à la manière des cons-
« pirateurs. *La France monarchiquement consti-*
« *tuée sera pour nous un danger bien plus grand*
« *que celui que le contact des institutions répu-*
« *blicaines pourrait faire surgir.*

« Le spectacle que ces institutions nous pré-
« sentent est plutôt fait pour servir d'épouvantail.
« *Avec les légitimistes surtout,* nous ne pouvons
« pas marcher d'accord ; ils seront toujours
« papalins. Tant que nous serons en guerre avec
« la curie, guerre dont il est difficile de prévoir

« la fin, *nous ne pourrons pas favoriser l'élément*
« *légitimiste*. L'idée que toute autre forme de
« gouvernement en France que la forme répu-
« blicaine serait inacceptable pour nous, est une
« idée qui va un peu trop loin et ne sera que
« difficilement défendue par la presse que nous
« inspirons. Mais il ne faut pas non plus oublier
« que si nous prenions parti pour une autre
« forme de gouvernement, nous recueillerions
« ainsi toute la haine de ses ennemis. Par là
« nous mettrions la France dans la possibilité de
« trouver des alliances, qu'elle ne peut pas
« trouver dans sa situation actuelle.

« En théorie, on peut être d'avis fort différent
« sur le danger que présente la personnalité de
« M. Thiers ; il faut penser que l'avenir d'une
« nation d'un caractère aussi bouillant que celui
« des Français ne saurait être prévu. Comme le
« chancelier ne partage pas l'opinion de Votre
« Excellence sur M. Thiers, il vous rappelle que
« vous devez strictement suivre sous ce rapport
« les instructions données, et que les représen-
« tants de Sa Majesté à l'étranger doivent s'abste-
« nir de toute affirmation contraire. M. le chan-
« celier trouve que c'est la faute ordinaire de la
« politique allemande de se préparer trop tôt à
« des événements qui pourraient se produire
« dans un sens déterminé.

« *Signé :* DE BALAN. »

Le 20 décembre 1872, M. de Bismarck écri-

vait de son côté à M. d'Arnim une très-impor-
tante dépêche qu'il faudrait publier tout entière ;
sa longueur ne nous le permet pas, mais voici
les deux principaux passages concernant la
France :

Dépêche n° 271 du 20 décembre 1872.

(DE M. DE BISMARCK A M. D'ARNIM.)

« Il est probable, selon moi, que les payements
« de l'indemnité auront lieu si M. Thiers reste
« au pouvoir ou si, du moins, les affaires gouver-
« nementales suivent un cours régulier et légal,
« mais je crains que *nous ne soyons forcés de tirer*
« *de nouveau l'épée* pour obtenir ce qui nous est
« dû, si des bouleversements violents *amènent*
« *une république* et donnent le pouvoir à des
« hommes d'une autre catégorie. En raison de
« cette éventualité, il est de notre intérêt de ne
« pas affaiblir nous-mêmes le gouvernement
« actuel et de ne pas contribuer à sa chute.
« Les choses marcheraient autrement et d'une
« façon qui ne serait pas non plus désirable pour
« nous, je le crains, si, avant le payement de
« l'indemnité et l'évacuation du territoire fran-
« çais, un des prétendants s'emparait du pouvoir.
« On nous prierait alors d'une façon amicale de
« favoriser le développement du jeune germe
« monarchique *en faisant à la monarchie,* au
« point de vue du payement et de l'évacuation,

« *des concessions que nous aurions refusées à la*
« *république. Nous pourrions, il est vrai, refuser*
« *d'agir ainsi, mais je craindrais que d'autres*
« *cabinets, et notamment des cabinets qui nous*
« *sont sympathiques, ne nous recommandassent*
« *d'une manière plus ou moins pressante d'avoir*
« *des égards pour l'élément monarchique en*
« *France.*

« Bien que l'on soit trop sage à Londres, à
« Saint-Pétersbourg et à Vienne pour croire
« *qu'une France monarchique soit moins dange-*
« *reuse pour nous que la domination des partis*
« *républicains dans ce pays,* on aurait trop inté-
« rêt à faire semblant de le croire, vu les avan-
« tages que l'on voudrait obtenir dans un autre
« sens, pour ne pas nous faire ressentir sous ce
« prétexte le désagrément que cause notre situa-
« tion actuelle et le transfert des milliards de la
« France en Allemagne, incommode pour tout le
« monde excepté pour nous. *Il en résulterait*
« *bientôt un groupement des Etats européens très-*
« *gênant pour nous, lequel exercerait d'abord sur*
« *nous une pression amicale, pour nous faire*
« *renoncer à une partie des avantages que nous*
« *avons acquis.*

« Il est possible qu'il se produise plus tard,
« sans cela, des phénomènes analogues; *mais*
« *nous n'avons certainement pas pour devoir de*
« *rendre la France puissante en consolidant sa*
« *situation intérieure et en y rétablissant une mo-*
« *narchie en règle, ni de rendre la France capable*

« *de conclure des alliances avec les puissances qui*
« *ont jusqu'à présent avec nous des relations*
« *d'amitié.*

« *L'inimitié de la France nous oblige de désirer*
« *qu'elle reste faible,* et nous agissons d'une
« manière très-désintéressée *en ne nous opposant*
« *pas avec résolution et par la force à l'établis-*
« *sement d'institutions monarchiques solides,* tant
« que le traité de paix de Francfort n'aura pas
« été complétement exécuté. Mais si notre poli-
« tique extérieure contribuait sciemment à ren-
« forcer par l'union intérieure l'ennemi du côté
« duquel nous devons redouter la prochaine
« guerre, *et à le rendre capable de conclure des*
« *alliances en lui fournissant une monarchie,*
« on ne saurait cacher trop soigneusement les
« actes accomplis dans ce sens ; car ils cause-
« raient dans toute l'Allemagne un mécapnten-
« tement juste et véhément, et exposeraient peut-
« être à des poursuites de la part de la justice
« criminelle le ministre responsable qui aurait
« suivi une politique si hostile au pays.

. . . .

« *Je suis persuadé qu'aucun Français ne songe-*
« *rait jamais à nous aider à reconquérir les bien-*
» *faits d'une monarchie si Dieu faisait peser sur*
« *nous les misères d'une anarchie républicaine.*
« C'est une qualité éminemment allemande que
« de montrer une pareille bienveillance pour le
« sort d'un voisin ennemi. Mais le gouvernement
« de Sa Majesté a d'autant moins de raisons de

« suivre ce penchant naturel, que tout le monde
« connaît les conversions colossales opérées de-
« puis l'*experimentum in corpore vili* fait avec la
« Commune sous les. yeux de l'Europe. Des
« rouges sont devenus des libéraux modérés, et
« ceux-ci sont devenus des conservateurs. *La
« France nous sert d'exemple salutaire.*

« Si la France représentait devant l'Europe un
« second acte du drame interrompu de la Com-
« mune (chose que je ne désire point par huma-
« nité), elle contribuerait à faire apprécier da-
« vantage aux Allemands *les bienfaits d'une
« constitution monarchique et augmenterait leur
« attachement aux institutions de la monarchie.*
« Nos besoins exigent que la France nous laisse
« en paix et que nous l'empêchions, au cas où
« elle ne voudrait pas respecter la paix conclue,
« de trouver des alliances. Tant qu'elle n'a pas
« d'alliés, nous n'aurons rien à craindre d'elle.
« Tant que les monarchies marchent d'accord,
« la république ne pourra rien leur faire.

« C'est pour cette raison que la République
« française trouvera très-difficilement un allié
« parmi les Etats monarchiques. *Ceci est ma
« conviction, et elle m'empêche de conseiller à Sa
« Majesté de contribuer à encourager le droit mo-
« narchique en France,* qui implique pour nous
« un raffermissement de l'élément ultramontain,
« qui nous est hostile.

« Signé : DE BISMARCK. »

————————

CONCLUSION

Résumons les déclarations contenues dans les dépêches qu'on vient de lire :

1° La République est pour l'Allemagne un salutaire ÉPOUVANTAIL. On ne l'aime pas à Berlin, mais on s'y félicite d'autant plus de la voir exister chez nous. Elle nous empêche de trouver des alliances. Elle nous condamne à « rester faibles, » et nous livre « aux misères de l'anarchie, » écrit M. de Bismarck ; naturellement, il souhaite qu'elle dure le plus longtemps possible.

La République des hommes modérés, la République dite conservatrice, fait observer M. d'Arnim, « n'est du reste qu'une transition précédant la République radicale, » et cette dernière, de l'aveu de M. de Bismarck, peut offrir à nos ennemis l'occasion de « tirer de nouveau l'épée. »

Pour le moment, cause de faiblesse à l'intérieur et d'isolement à l'extérieur ; dans l'avenir, prétexte possible de guerre ; telle apparaît la République en France aux hommes politiques de l'Allemagne, et elle sert ainsi merveilleusement leurs projets et leurs trames.

2° Le parti de l'Empire est « le seul qui cherche l'appui de la Prusse ; » M. de Bismarck ne veut « ni l'affaiblir ni lui nuire, » mais il n'ose le favoriser ouvertement, de crainte de le rendre odieux.

L'Empire, aux yeux de M. de Bismarck, ne serait une garantie de paix qu'en ce sens qu'il servirait docilement la politique allemande, et ne songerait pas à relever la France.

C'est « avec le parti impérial bonapartiste, » dit le grand chancelier de l'empereur Guillaume, que l'Allemagne pourrait « se flatter le plus raisonnablement d'établir des rapports tolérables. » Cela signifie que l'Empire est de tous les régimes celui qui accepterait le plus facilement d'être l'humble vassal de l'Allemagne ; car les seuls rapports que M. de Bismarck trouve *tolérables* sont ceux du maître le plus absolu avec le serviteur le plus soumis.

3° La monarchie est le seul gouvernement qu'on redoute à Berlin. « Avec les légitimistes, point d'accord possible. » La politique allemande ne doit pas, « ne peut pas les favoriser. »

« La France monarchiquement constituée « serait un danger pour l'empire germanique. »

M. de Bismarck déclare qu'il aurait été obligé de « faire à la monarchie des conces- « sions qu'il a pu refuser à la République. »

La restauration de la monarchie, dit le chan- celier, « rendrait la France capable de con- « clure des alliances ; » et « il en résulterait un « groupement des États européens très-gênant « pour l'Allemagne, lequel exercerait d'abord « une pression amicale sur le gouvernement « de Berlin pour lui faire renoncer à une partie « des avantages qu'il a su acquérir. »

C'est pourquoi M. de Bismarck ne veut à aucun prix « encourager LE DROIT MONARCHI- QUE en France. »

Il ne s'agit plus ici, soit d'une paix humiliante consacrant notre déchéance et nous mettant à la remorque de la Prusse, comme avec l'Empire ; soit de notre faiblesse à l'intérieur, de notre isolement en Europe, et de la menace d'une nouvelle guerre, comme avec la République.

La Monarchie, c'est le relèvement de la France et l'abaissement de l'Allemagne. C'est LA PAIX, M. de Bismarck l'avoue, mais une paix glorieuse, qui obligerait nos ennemis de céder à la *pression des États européens*, une paix garantie par « des alliances avec les puissances « qui ont jusqu'ici avec le gouvernement de « Berlin des relations d'amitié ; » c'est la stabilité à l'intérieur et la force à l'extérieur ; c'est l'IMPOSSIBILITÉ *d'une nouvelle guerre*, M. de Bismarck le reconnaît en termes formels : *Je craindrais*, dit-il, *que d'autres cabinets, et notamment des cabinets qui nous sont sympathiques, ne nous recommandassent* D'UNE MANIÈRE PLUS OU MOINS PRESSANTE D'AVOIR DES ÉGARDS POUR L'ÉLÉMENT MONARCHIQUE EN FRANCE.

En un mot, si la Monarchie française était restaurée, l'Allemagne serait forcée de nous respecter, et l'Europe ne lui permettrait plus de nous attaquer.

Voilà ce que déclare M. de Bismarck, et nous devons tenir pour bonne sa parole inspirée par une haine aussi clairvoyante qu'elle est implacable. Aussi, à ses yeux, tout Allemand qui *nous aiderait à reconquérir* LES BIENFAITS DE LA MONARCHIE, serait coupable de SUIVRE UNE POLITIQUE HOSTILE A SON PAYS.

Et maintenant, vous tous, Français, à qui s'adressent ces pages, choisissez entre l'Empire, la République et la Monarchie. Si vous aimez la France et détestez l'Allemagne, vous n'hésiterez plus : vous renoncerez à la *République*, vous repousserez l'*Empire* et vous appellerez la MONARCHIE.

TRACTS POLITIQUES

En vente à la librairie FÉCHOZ

RUE DES SAINTS-PÈRES, 5.

Le Programme de la Monarchie.

Le Roi.

La Monarchie est-elle impossible?

Puissance de l'Idée monarchique.

Comment est tombé l'Empire.

La République et la Défense Nationale.

La prospérité publique pendant l'Empire.

La République en France d'après M. Thiers et M. Cousin.

La République..... comme aux Etats-Unis.

Les coupables et les punis.

Respect des Bonapartistes pour la volonté du peuple.

Ce que serait un nouvel Empire.

La Vraie République.

La Maison de M. Thiers.

Pourquoi la République est impossible en France.

La Force secrète de la Monarchie.

Chacun son métier.

La Journée d'héroïsme... et d'abnégation.

La Politique des Intérêts.

Le Vote de la déchéance.

Les Responsabilités de l'Empire.

République et Patriotisme.

La Politique de la France.

Lettre d'un Royaliste de province au Maréchal de Mac-Mahon.

La République est-elle le gouvernement le plus économique ?

FEUILLES DE QUATRE PAGES GRAND IN-18

Prix : **1 fr. 50** le cent (**1 fr. 90** *franco*) et **11** fr. le mille.

Tours. — Imp. Mazereau

Prix : 20 centimes

(Le cent : 10 francs)